Impressum
Verlag: BABADADA GmbH, Nedderfeld 112 , 22529 Hamburg
Geschäftsführer / Verlagsleitung: Harald Hof
Druck: Books on Demand GmbH, In de Tarpen 42, 22848 Norderstedt

Imprint
Publisher: BABADADA GmbH, Nedderfeld 112 , 22529 Hamburg, Germany
Managing Director / Publishing direction: Harald Hof
Print: Books on Demand GmbH, In de Tarpen 42, 22848 Norderstedt

學校
škola

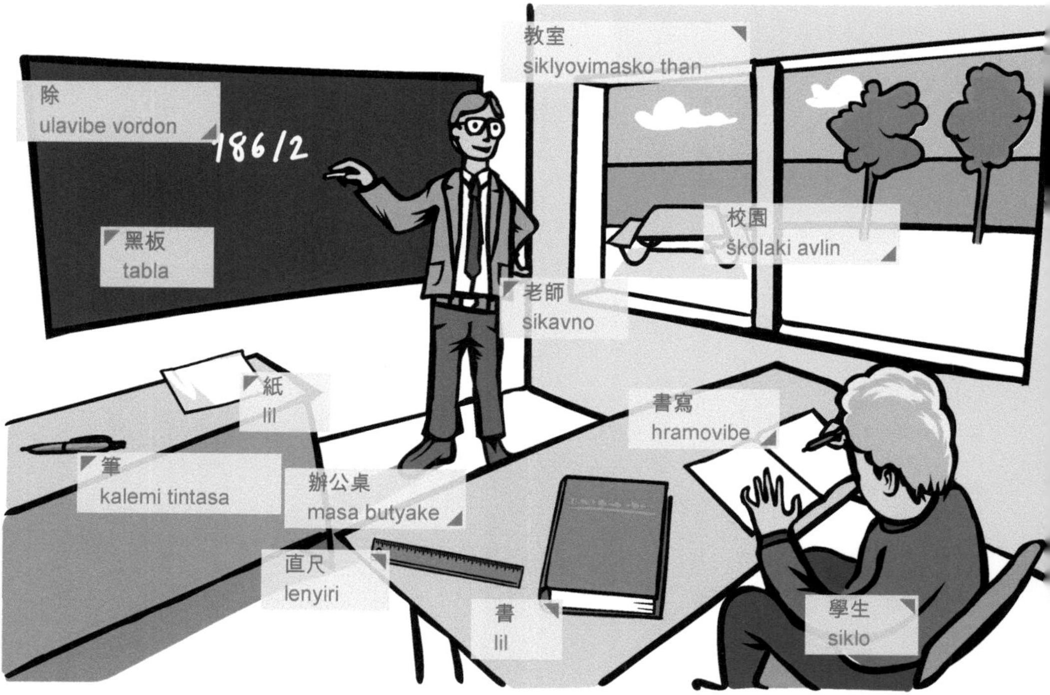
教室
siklyovimasko than
除
ulavibe vordon
186/2
黑板
tabla
校園
školaki avlin
老師
sikavno
紙
lil
書寫
hramovibe
筆
kalemi tintasa
辦公桌
masa butyake
直尺
lenyiri
書
lil
學生
siklo

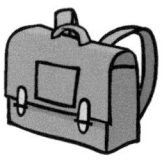

書包
dumeski tašna

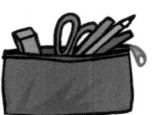

鉛筆盒
kalemengi kutia

鉛筆
kalemi

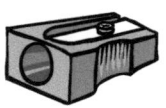

削鉛筆機
kalemengi čhurori

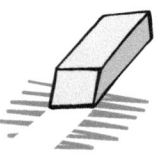

橡皮擦
kosimaski guma

畫板
čitrimasko bloko

圖畫
čitribe

畫筆
boyimaski frča

顏料盒
boyimaski kutia

剪刀
kata

膠水
lepako

練習冊
bukjardarimasko lil

家庭作業
khereski buti

數字
gendo

加
džide

減
ikal

乘
multiplicirin

計算
kalkulirin

字母
hramome lil

字母表
alfabeta

字
lafo

課文

teksti

讀

drabaribe

粉筆

kreda

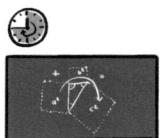

上課

lekciya

登記

Klasesko registro

考試

egzameni

證書

sertifikato

校服

školaki uniforma

教育

edukacia

百科全書

enciklopedia

大學

univerziteto

顯微鏡

mikroskopo

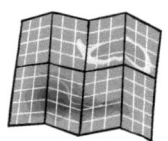

地圖

mapa

廢紙簍

korpa čhudimaske lila

旅行

dromaripe

飯店
hoteli
Grand
青年旅社
Lačhi blevel!
ROOMS
外幣兌換處
biro baši devize
手提箱
koferi
汽車
vordon

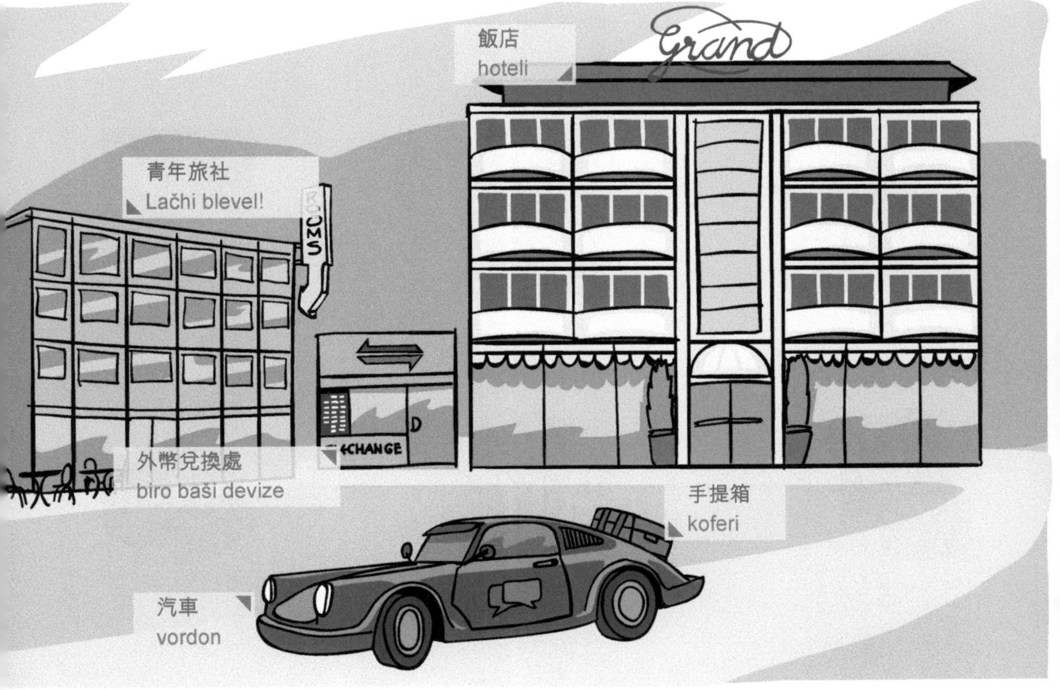

語言
ćhib

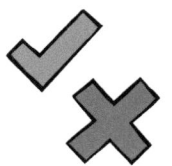

是/否
va / na

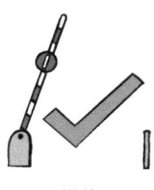

好的
Okay

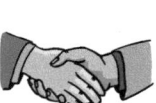

您好
Namaste

翻譯人員
tumači

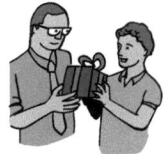

謝謝
Ov sasto

……多少錢？

Kozom si...?

我不明白

Na havava

問題

problemo

晚上好！

Lačhi rat!

早上好！

Lačhi javin!

晚安！

Lačhi rat!

再見

ačhon Devlesa

方向

dromeski sikavin

行李

bagaži

包

gono

背包

dumesko gono

客人

misafiri

房間

kamara

睡袋

sovimasko gono

帳篷

cerha

旅行資訊

turistikani informacia

海灘

plaža

信用卡

kreditno kartica

早餐

javinako habe

午餐

kušluko

晚餐

ratyako habe

票

karta

電梯

elevatori

郵票

marka

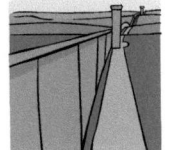

邊界

simantra

海關

adetia

大使館

ambasada

簽證

viza

護照

pašaporti

交通運送

transporti

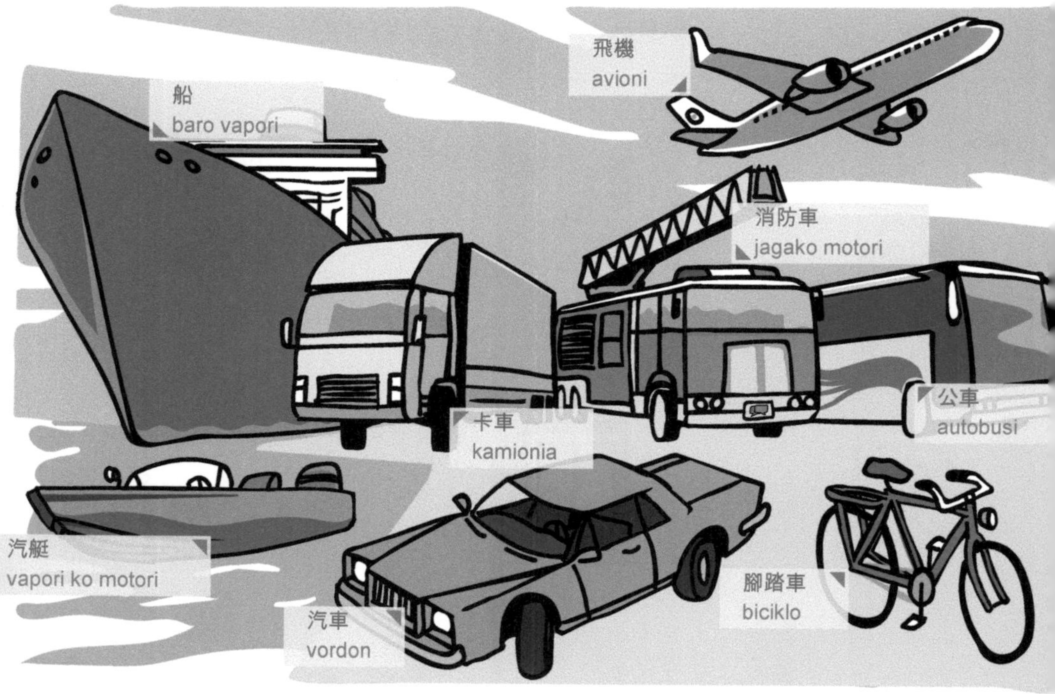
飛機
avioni
船
baro vapori
消防車
jagako motori
公車
autobusi
卡車
kamionia
汽艇
vapori ko motori
腳踏車
biciklo
汽車
vordon

渡輪

feri vapori

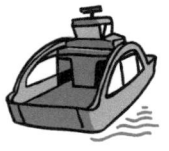

小船

vapori

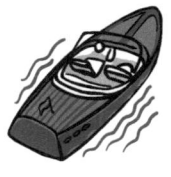

機車

motorciklo

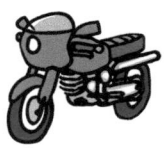

警車

policiako vordon

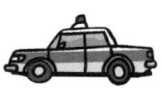

賽車

prastamasko vordon

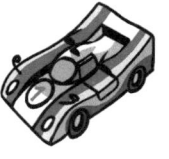

租車

rentakar

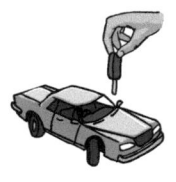

拼車
ulavibe vordon

拖車
rumosardo kamioni

垃圾車
kamionengo than

馬達
motori

汽油
petroli

加油站
petrolesko stasioni

交通標識
trafikoskere išaretia

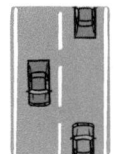

交通
trafiko

交通堵塞
baro trafiko

停車場
vordonesko parkirimasko than

火車站
pampurengo stasioni

軌道
kamionia

火車
pampuri

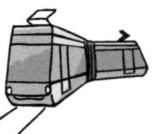

路面電車
tramvaj

客車廂
vagoni

直升機

helikopteri

機場

aeroporti

塔

kula

乘客

dromarutno

集裝箱

kontejneri

紙板箱

kartoni

手推車

vordonoro

籃子

sevli

起飛/降落

urjalipasko starto /
urjalipasko agor

城市

diz

村莊

gav

市中心

dizyako centro

房子

kher

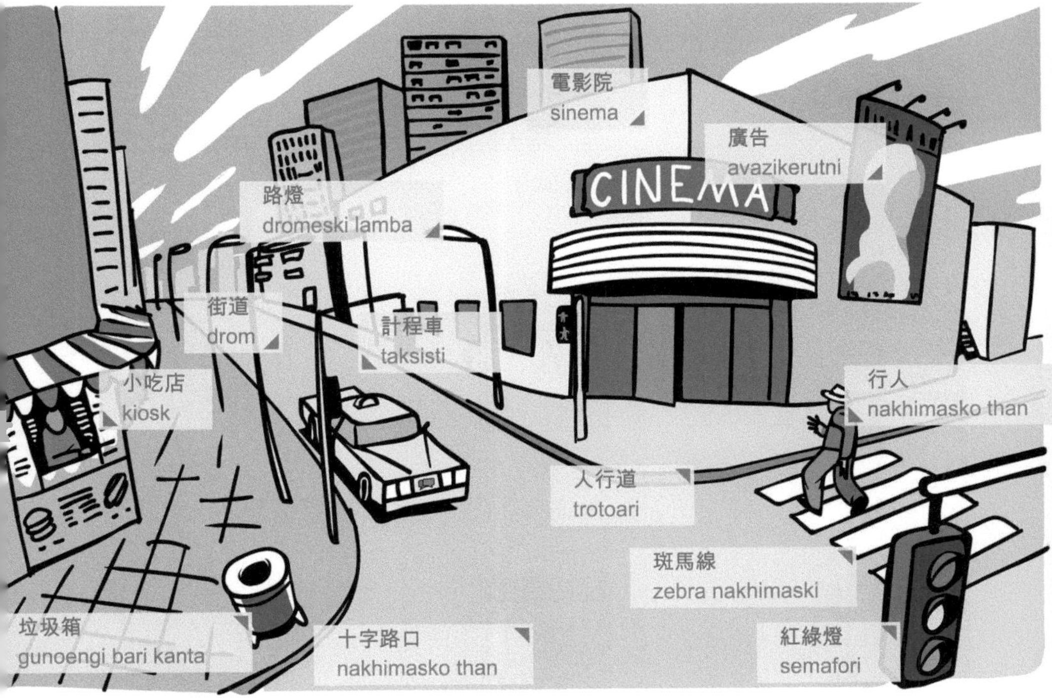

電影院
sinema
CINEMA
廣告
avazikerutni
路燈
dromeski lamba
街道
drom
計程車
taksisti
小吃店
kiosk
行人
nakhimasko than
人行道
trotoari
斑馬線
zebra nakhimaski
垃圾箱
gunoengi bari kanta
十字路口
nakhimasko than
紅綠燈
semafori

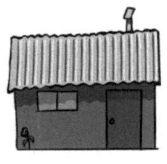

小屋

koliba

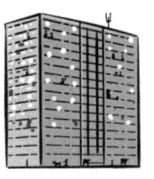

公寓

apartmani

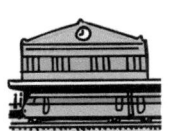

火車站

pampurengo stasioni

市政廳

dizyaki sala

MUSEUM

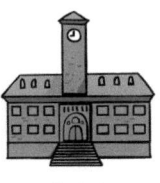

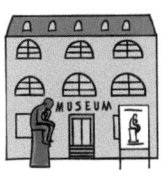

博物館

muzeji

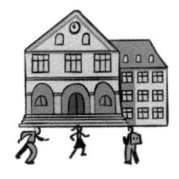

學校

škola

大學

univerziteto

銀行

banka

醫院

hospitalo

飯店

hoteli

藥房

apoteka

辦公室

ofiso

書店

lil bikinimasko than

商店

dukyano

花店

lulugengo bikinutno

超市

supermarket

市場

kurko

百貨商店

baro bikinimasko kher

魚店

mačhengo astarutno

購物中心

kinimasko centro

海港

vaporengo ačhovimasko than

公園

parko

長凳

klupa

橋

purt

樓梯

merdevenya

捷運

metro stasioni

隧道

tuneli

公車站

autobuseski adžikerin

酒吧

bar

餐館

restorani

郵筒

poštako mohto

路標

dromesko išareti

停車計時器

parking than

動物園

zoo

游泳池

nangyovimasko bazeni

清真寺

džamiya

農場

farma

污染

melalipe

墓地

limorengo than

教堂

khangeri

操場

khelimasko than

寺廟

hramo

地形

pejzaži

![landscape illustration]

- 樹葉 / patrin
- 指示牌 / išareti
- 路 / drom
- 草地 / livazin
- 石頭 / bar
- 樹 / kašt
- 徒步旅行者 / phiravno
- 河 / len
- 草 / čar
- 花 / luludi

峽谷

harno than

丘陵

bairi

湖

devrijal

森林

veš

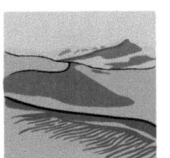

沙漠

mulano than

火山

vulkano

城堡

saraji

彩虹

renkali badalin

蘑菇

gaba

棕櫚樹

palma kašt

蚊子

sivrija

蒼蠅

mak

螞蟻

karandža

蜜蜂

birumni

蜘蛛

pauko

地形 - pejzaži

甲蟲

buba

青蛙

žamba

松鼠

ververica

刺蝟

kanzauri

野兔

šošoj

貓頭鷹

buf

鳥

pakšin

天鵝

lebedi

野豬

bali

鹿

eleno

麋鹿

eleno

水壩

pani garavin

風力發電機

bavlalaki turbina

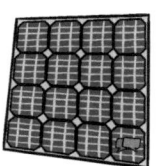

太陽能電池板

solarno paneli

氣候

klima

餐館

restorani

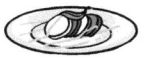

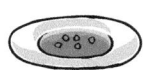

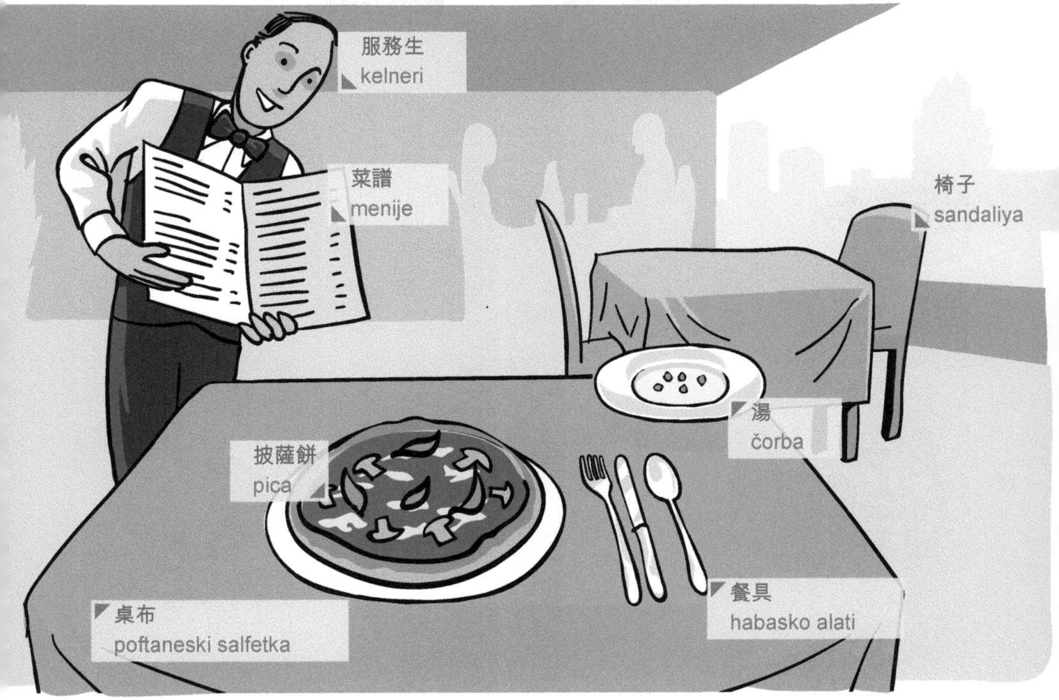

服務生
kelneri
菜譜
menije
椅子
sandaliya
湯
čorba
披薩餅
pica
餐具
habasko alati
桌布
poftaneski salfetka

前菜

avgo habe

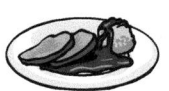

主菜

šerutno habe

甜點

gudlimata

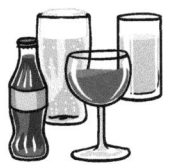

飲料

piiba

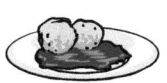

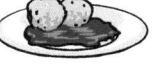

食物

habe

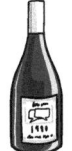

瓶子

šiša

速食

fast food

街邊小吃

sokakongo habe

茶壺

čajniko

糖盒

šekereskoro čaroro

一份飯菜

porcia

義式咖啡機

makina vaš espresso

高腳椅

uči sandaliya

帳單

esapi

托盤

apladiya

刀

čhuri

餐叉

vilyuška

勺子

roj

茶匙

čajeski roj

餐巾

salfetka

玻璃杯

tahtai

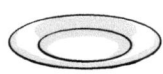

碟子

čaro

湯盤

čaro čorbake

碟子

hor čaro

醬

sosi

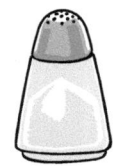

鹽瓶

londesko čaroro

胡椒研磨罐

kale biberesko pišlo

醋

šut

食用油

zejtini

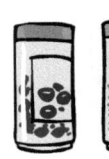

調味料

začinia

番茄醬

kečap

芥末

senf

美乃滋

majonezi

超市

supermarket

特價
specialno oferta
FOR
顧客
mušteriya
乳製品
thudeske butya
水果
emiši
購物車
vordonoro

BUTCHERS

肉鋪

kasapi

BAKERY

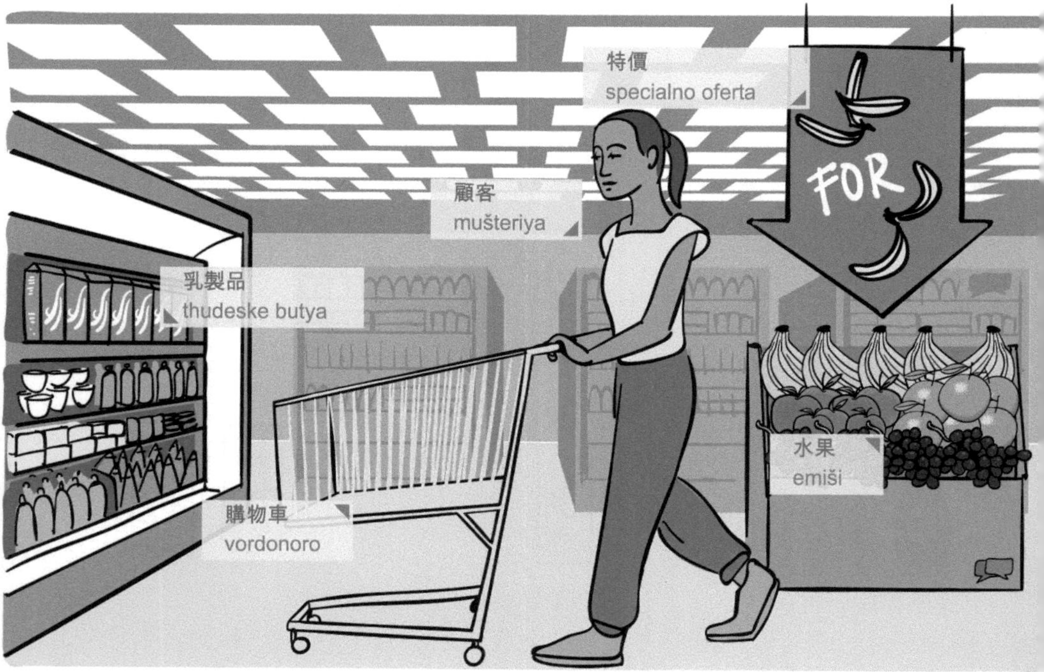

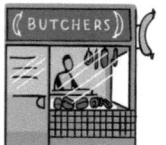

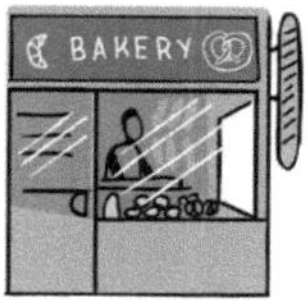

麵包店

furuna

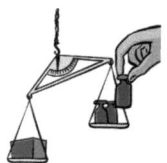

稱重

ladavipe

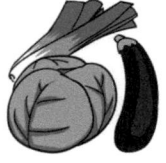

蔬菜

zarzavati

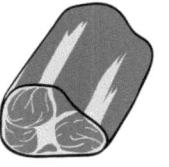

肉

masesko rolati

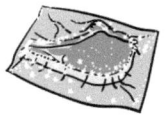

冷凍食品

pahome habe

冷盤
šudro mas

罐頭食品
konzerva

洗衣粉
thovimasko prašako

甜食
gudlimata

日用品
khereske butya

清潔用品
užarimaske butya

銷售員
bikinutno

收銀機
kasapi

收銀員
kasieri

購物清單
kinimaski patrin

開放時間
putarimaske satura

錢包
lovengi tašna

信用卡
kreditno kartica

袋子
gono

塑膠袋
plastikano gono

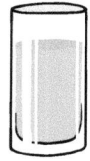

水

pani

果汁

džus

牛奶

thud

可樂

kola

紅酒

mol

啤酒

bira

酒

alkohol

可可

kakao

茶

čaj

咖啡

kafa

義式濃縮咖啡

espresso

卡布奇諾

cappuccino

香蕉

banana

蘋果

phabaj

柳丁

portokali

西瓜

kavuni

檸檬

limoni

胡蘿蔔

karota

大蒜

sir

竹子

bambusi

洋蔥

purum

蘑菇

gaba

堅果

akhora

麵條

humereske butya

義大利麵

špageti

米飯

rezo

沙拉

salata

薯條

čipsi

炸馬鈴薯

peke kompiria

披薩餅

pica

漢堡

hamburger

三明治

sendviči

炸豬排

kotleti

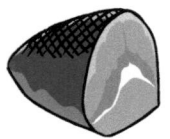

火腿

žamboni

義大利臘腸

salama

香腸

goja

雞肉

khajnako mas

烤肉

peko

魚

mačho

燕麥片

popara

木斯里

musli

玉米片

kornfleks

麵粉

varo

牛角麵包

kroasani

麵包捲

masesko rolati

麵包

maro

吐司

tosti

餅乾

biskotia

奶油

puteri

凝乳

urda

蛋糕

torta

蛋

jaro

煎蛋

peke jare

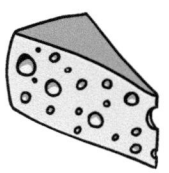

起司

kiral

冰淇淋

šudro gudlo

糖

šekeri

蜂蜜

avgin

果醬

džem

巧克力醬

čokoladaki krema

咖哩

kari

農場

farma

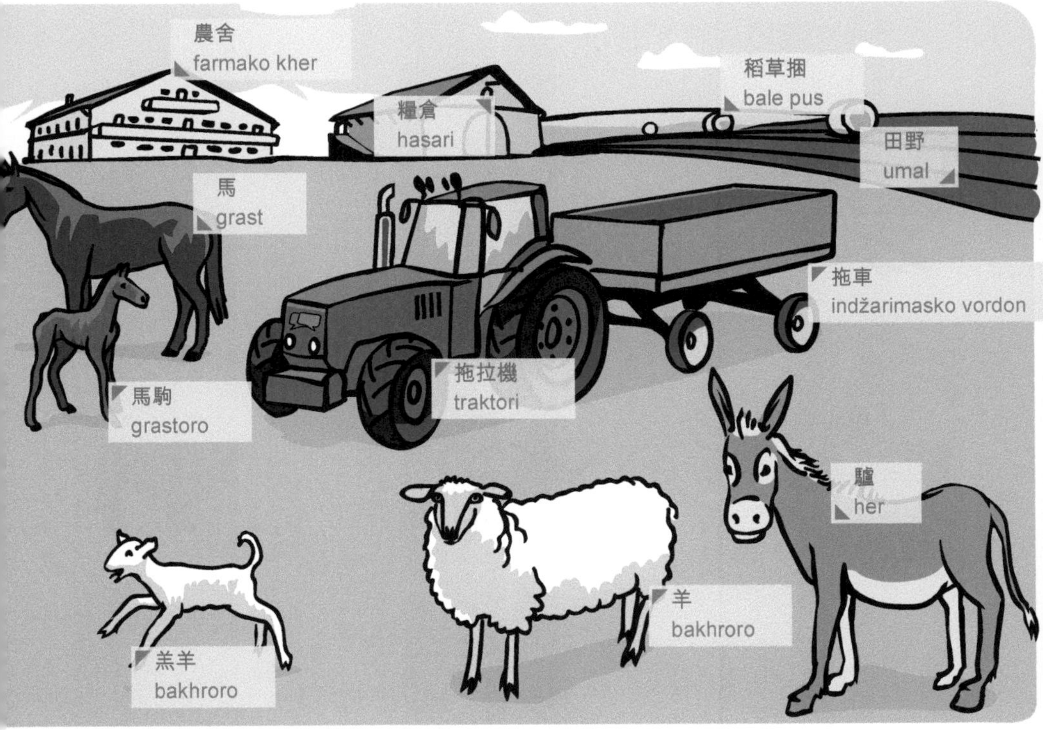

農舍
farmako kher
糧倉
hasari
稻草捆
bale pus
田野
umal
馬
grast
拖車
indžarimasko vordon
拖拉機
traktori
馬駒
grastoro
驢
her
羊
bakhroro
羔羊
bakhroro

山羊
buzno

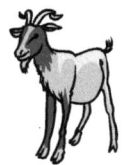

奶牛
guruvni

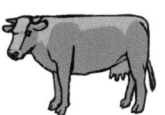

小牛
guruvoro

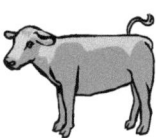

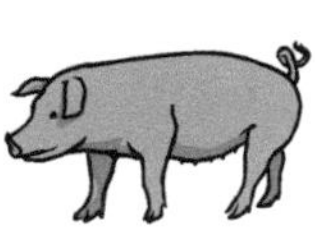

豬
balo

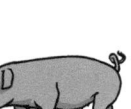

小豬
baloro

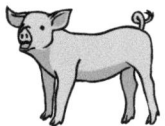

公牛
guruv

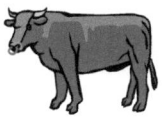

鵝

papin

鴨

payka

小雞

pilička

母雞

khayni

公雞

bašno

鼠

baro germuso

貓

bilika

老鼠

germuso

牛

guruv

狗

džukel

狗屋

džukelesko kher

花園澆水軟管

žardina

澆水壺

panyarimaski kanta

長柄大鐮刀

aindžako kidimasko alati

犁

plugo

鐮刀

srpo

鋤頭

motika

長柄草耙

aindžaki vilyuška

斧頭

tover

獨輪手推車

vordonoro phiravutno

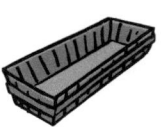

飼料槽

balani

牛奶罐

thudeski šiša

麻布袋

harari

柵欄

trujalutni

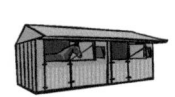

馬廄

jahri

溫室

haryalo kher

土壤

phuv

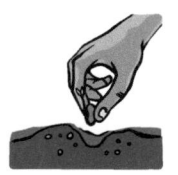

種子

seme

肥料

gyubre

聯合收割機

aindžako kidipe

收割

kidibe aindž

收割

harmani

地瓜

phuvaki phabaj

小麥

giv

大豆

soja

土豆

kompiri

玉米

mumuruzi

油菜籽

šarlagani

果樹

emišengo kašt

樹薯

Kasava

穀物

giveskere javinlukoja

房子

kher

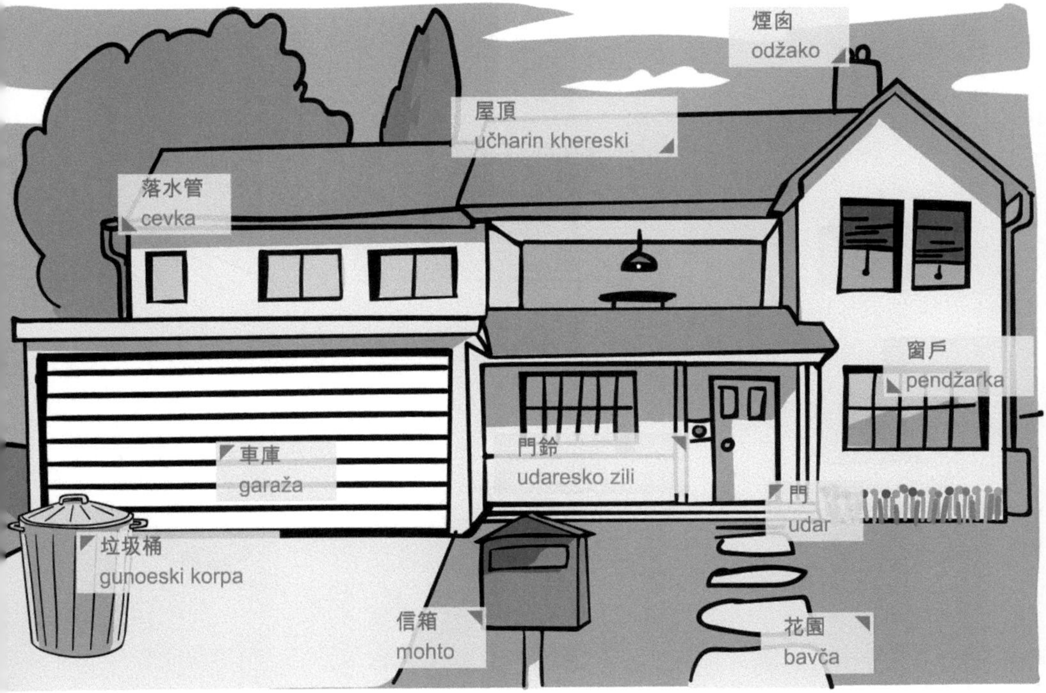

煙囪
odžako
屋頂
učharin khereski
落水管
cevka
窗戶
pendžarka
車庫
garaža
門鈴
udaresko zili
門
udar
垃圾桶
gunoeski korpa
信箱
mohto
花園
bavča

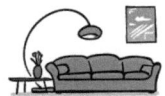

客廳

bešimaski kamara

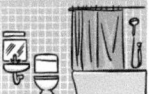

浴室

banya

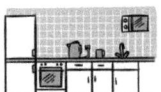

廚房

kujna

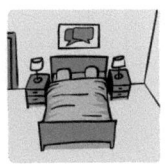

臥室

sovimasko than

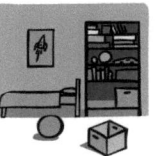

兒童房

čhavengi kamara

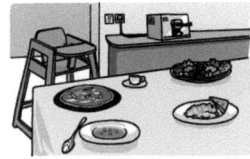

餐廳

than hajbaske rakjako habe

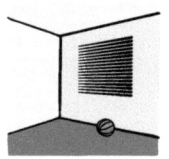

地板

kati

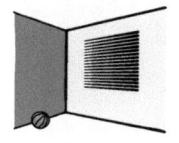

牆壁

duvari

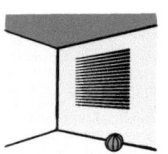

天花板

tavano

地窖

špajzi

三溫暖

sauna

陽臺

terasa

露臺

terasa

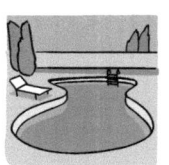

游泳池

bazeni

割草機

čar harnyarimaski makina

被單

patrin

床罩

čaršafia

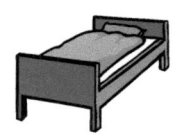

床

kreveto

掃帚

šulavni

水桶

korpa

開關

elektrikani phabarin

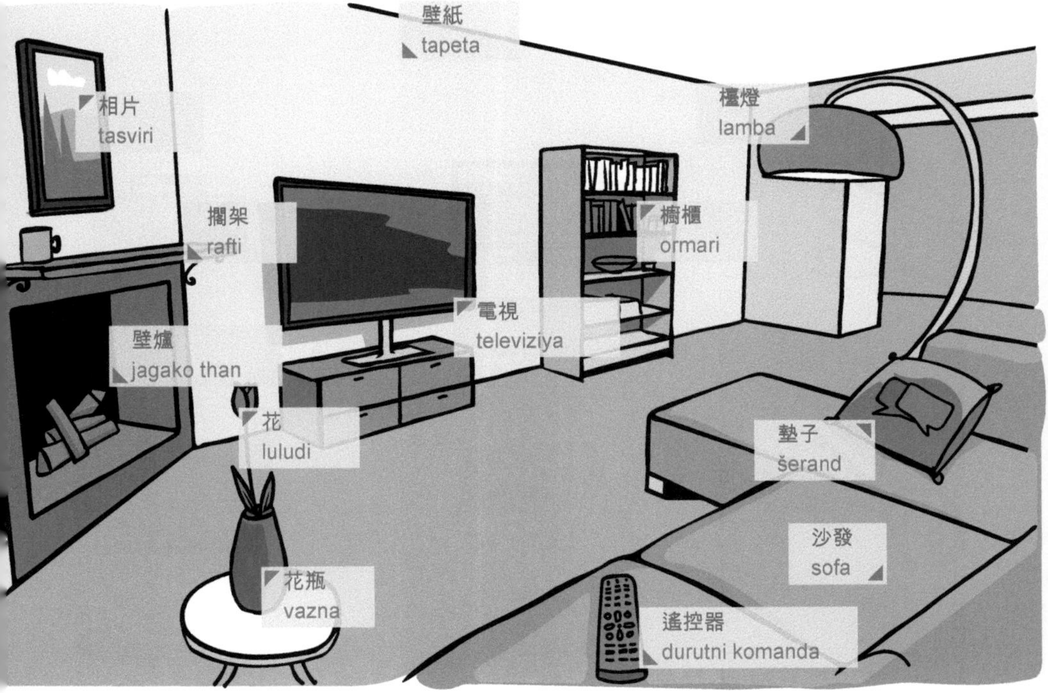

壁紙
tapeta

相片
tasviri

檯燈
lamba

擱架
rafti

櫥櫃
ormari

電視
televiziya

壁爐
jagako than

花
luludi

墊子
šerand

沙發
sofa

花瓶
vazna

遙控器
durutni komanda

地毯
kilimi

窗簾
perde

餐桌
masa

椅子
sandaliya

搖椅
kunajka sandaliya

扶手椅
fotelya

書

lil

毯子

kebe

裝飾品

dekoraciya

木柴

kašta phabarimaske

電影

filmi

高傳真音響

stereo ašunimaske butya

鑰匙

nahtari

報紙

gazeta

油畫

frčaja bojakeribe

海報

posteri

收音機

radio

筆記本

hramovimasko bloko

吸塵器

elektrikani šulavni

仙人掌

kaktusi

蠟燭

momoli

廚房
kujna

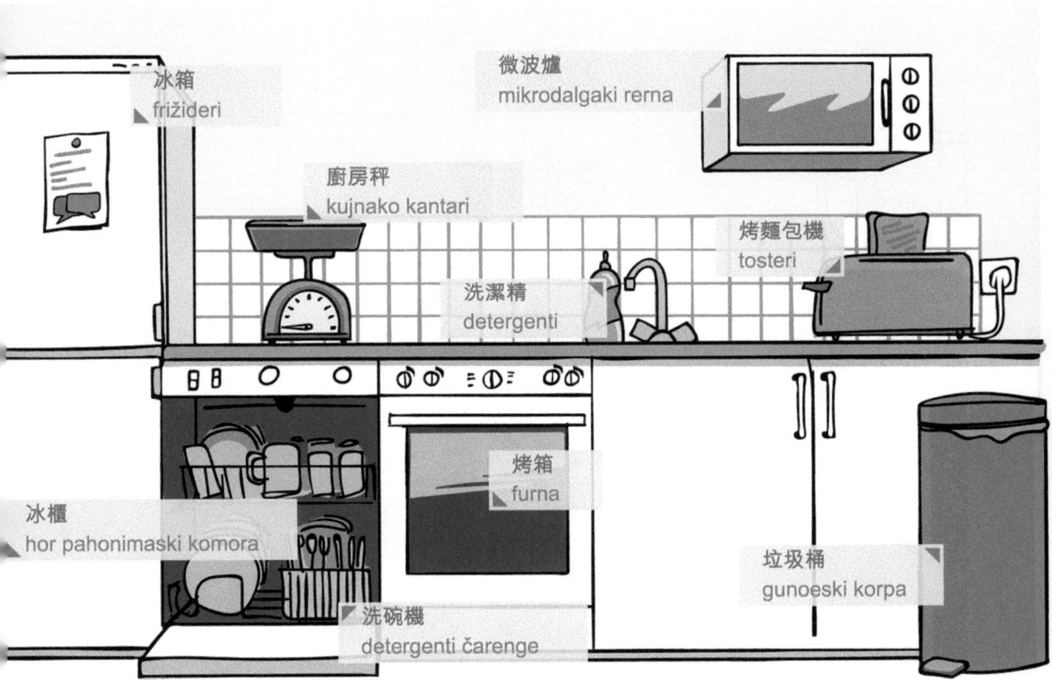
冰箱
frižideri
微波爐
mikrodalgaki rerna
廚房秤
kujnako kantari
烤麵包機
tosteri
洗潔精
detergenti
烤箱
furna
冰櫃
hor pahonimaski komora
垃圾桶
gunoeski korpa
洗碗機
detergenti čarenge

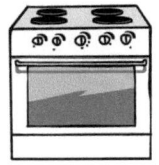

炊具

keravimasko than

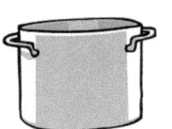

鍋

čaro

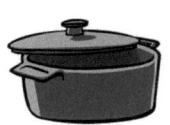

鑄鐵鍋

sastrnali tendžera

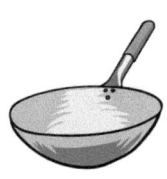

炒鍋

vok cihani

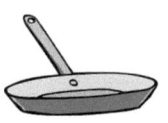

平底鍋

tava

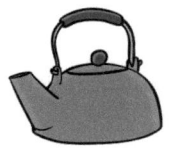

水壺

elektrikano bokali

蒸鍋

tendžera ki para

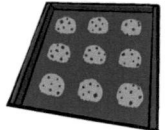

烤盤

tepsija

陶瓷鍋

čare

馬克杯

bareder fildžano

碗

čaro

筷子

kinakere habaskere kaštore

長柄勺

fioka

鏟子

špatula

攪拌器

vastesko mikseri

濾網

cedimasko čaro

篩子

porizen

磨碎機

rende

研缽

avano

燒烤

skara

明火

puteribe jag

菜板

čhinimaski tabla

擀麵杖

oklagia

開瓶器

puterimasko alati

罐子

konzerva

開罐器

konzervako puterutno

隔熱手套

čaresko ikerutno

水槽

lavabo

刷子

frča

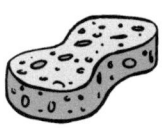

海綿

sungeri

攪拌機

mikseri

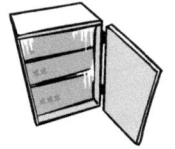

冷藏箱

hor pahonimasko frižideri

奶瓶

bebeski šiša

水龍頭

češma

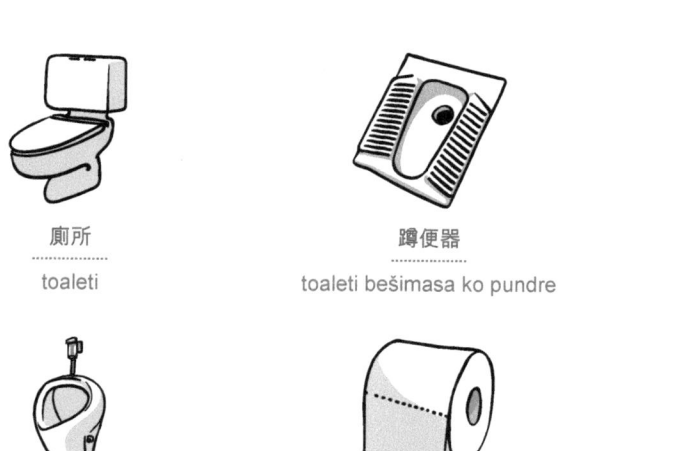

浴室

banya

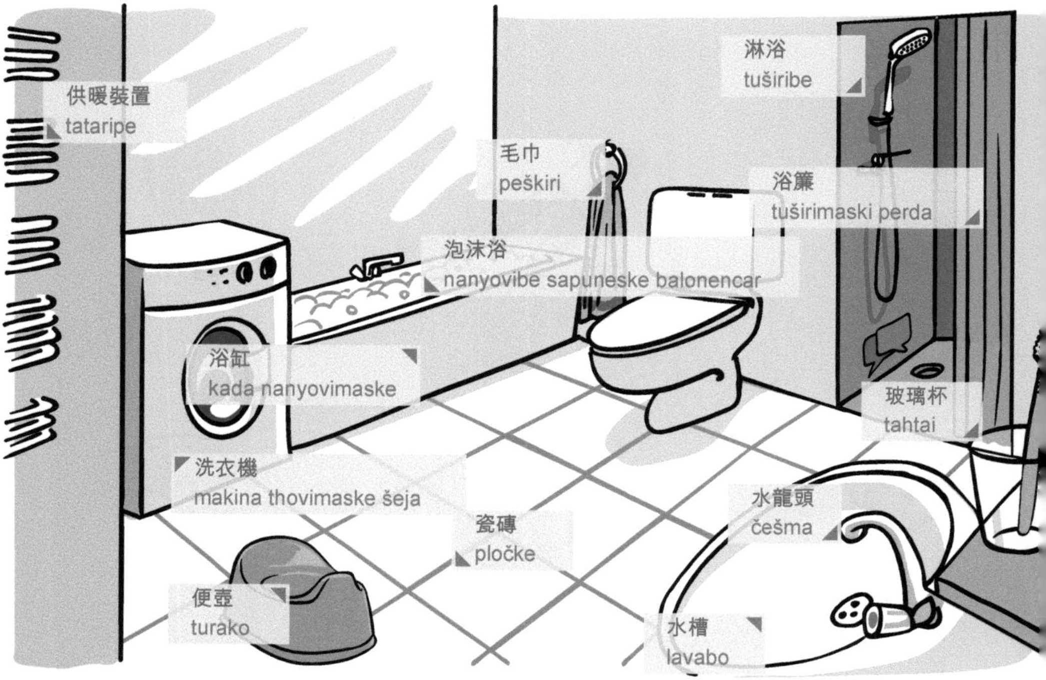

淋浴
tuširibe
供暖裝置
tataripe
毛巾
peškiri
浴簾
tuširimaski perda
泡沫浴
nanyovibe sapuneske balonencar
浴缸
kada nanyovimaske
玻璃杯
tahtai
洗衣機
makina thovimaske šeja
水龍頭
češma
瓷磚
pločke
便壺
turako
水槽
lavabo

廁所

toaleti

蹲便器

toaleti bešimasa ko pundre

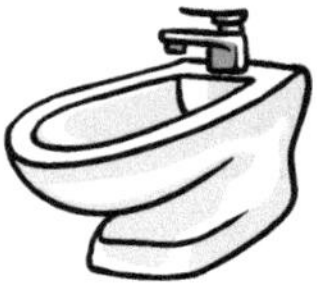

坐浴器

bide

小便斗

pisoari

廁紙

toaletesko lil

馬桶刷

frča toaleteske

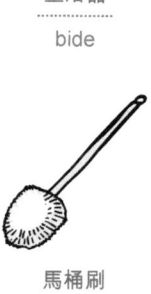

牙刷

danda thovimaski frča

牙膏

danda thovimaski krema

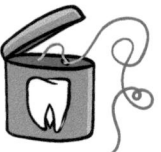

牙線

dandesko thav

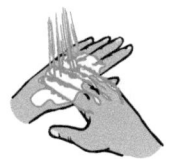

洗

thovibe danda

手持式蓮蓬頭

vasteskoro tuši

沖洗器

tuši

洗臉盆

lavabo

洗背刷

dumeski frča

肥皂

sapuni

沐浴露

tuširimasko geli

洗髮乳

šamponi

法蘭絨

flanela

排水

kada ćidimaske pani

乳霜

krema

除臭劑

dezodoransi

鏡子

ajna

手鏡

vasteski ajna

刮鬍刀

žileti moravimaske

刮鬍泡沫

moravimaski pena

鬍後水

palal muravimaski krema

梳子

kanglik

刷子

frča

吹風機

feni balenge

噴髮定型劑

sprej balenge

化妝品

šminka

唇膏

karmini

指甲油

oja najenge

化妝棉

pamuko pošom

指甲剪

kata najenge

香水

parfemi

洗漱包

gono thovimaske

凳子

sandaliya

計重秤

tereziya

浴袍

bademantili

橡膠手套

gumena kalcunya

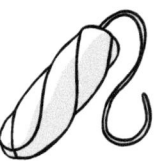

衛生棉條

tamponi

衛生棉

toaletno lil

化學廁所

hemikano toaleti

兒童房

čhavengi kamara

鬧鐘
alarmesko sato
毛絨玩具
mangli khelutni
玩具車
vordonora khelimaske
撥浪鼓
tropalka
玩具屋
bebedžikongo kher
禮物
bakšiši

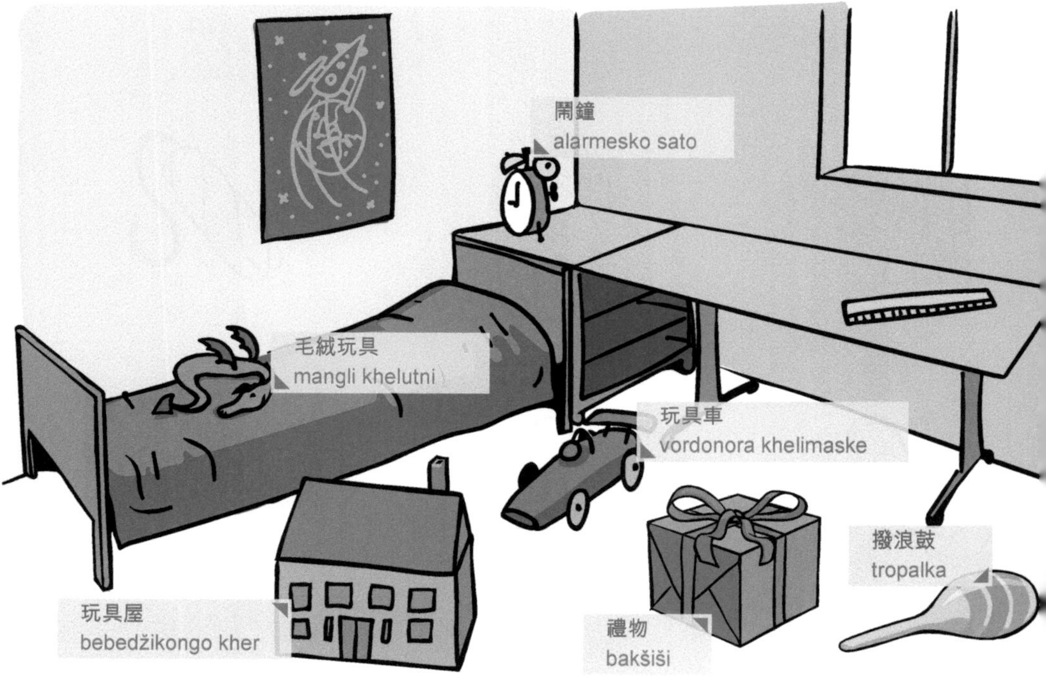

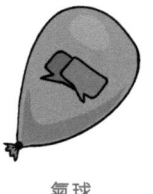

氣球

baloni

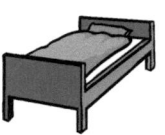

床

kreveto

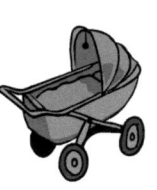

嬰兒車

bebengo vordon

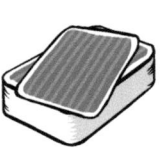

撲克牌

špili karte

拼圖

ker-rumin khelin

SUPER MEGA

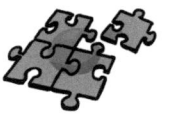

漫畫

komikano lil

樂高積木
lego kocke

積木玩具
kocke khelimaske

公仔
akciaki figura

嬰兒服
bodi bebeske

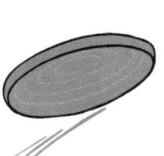

飛盤
frizbi

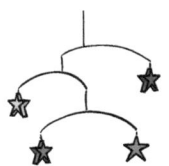

床鈴玩具
mobile

棋盤遊戲
masa khelimaske

骰子
zari

火車模型
pampuri khelimaske

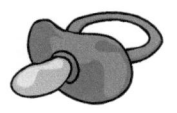

安撫奶嘴
cucla

派對
bahlana

繪本
tasvirengo lil

球
topka

洋娃娃
bebedžiko

玩
khelibe

沙坑

pošikako than

鞦韆

kuna

玩具

khelimaske butya

電玩遊戲

konzola video khelimaske

三輪車

triciklo

泰迪熊

poftaneski ričini

衣櫃

garderoba

衣服

šeja

襪子

kalcunya

長襪

khuvde kalcunya

緊身褲

hulahopke

圍巾
momija

雨傘
čadori

T恤
maica

皮帶
kaiši

靴子
čizme

拖鞋
papuče

運動鞋
trenerke

涼鞋
sandale

鞋
menije

雨靴
gumena čizme

內褲
sostenya

胸罩
eleko

背心
jeleko

身體

bodi

褲子

pantalonya

牛仔褲

farmerke

短裙

suknya

女式襯衫

bluza

襯衫

gat

套頭衫

puloveri

連帽上衣

dukseri

西裝夾克

harno kaputi

夾克

džeketi

外套

kaputi

雨衣

biršimdesko mantili

套裝

kostimi

連衣裙

fustano

婚紗

prandinako fustano

西裝

kostumi

睡袍

rakjako fustano

睡衣

pižame

莎麗

sari

頭巾

momija šereske

包頭巾

turbani

波卡

burka

卡夫坦

kaftani

(阿拉伯式)長袍

abaya

泳衣

nangyovimaske šeja

男式泳褲

buxle pantolonya

短褲

harne pantolonya

運動服

sporteske trenerke

圍裙

kecelya

手套

vasteske kalcunya

鈕扣

kopča

眼鏡

gjuzlukya

手鏈

belegziya

項鍊

mirikle

戒指

angrustik

耳環

čeni

便帽

stadik

衣架

kaputeski čiviya

帽子

stadik

領帶

kravata

拉鍊

patenti

安全帽

kaciga

背帶

dandenge proteze

校服

školaki uniforma

制服

uniforma

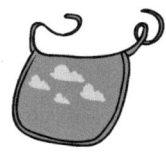

圍兜

ligarka

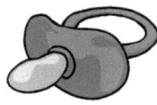

安撫奶嘴

cucla

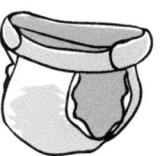

尿布

pherno

辦公室

ofiso

伺服器
serveri
檔案櫃
raftija dokumentenca
印表機
printeri
紙
lil
螢幕
monitori
滑鼠
mausi
辦公桌
masa butyake
資料夾
folderi
鍵盤
tastatura
椅子
sandaliya
廢紙簍
korpa čhudimaske lila
電腦
kompjuteri

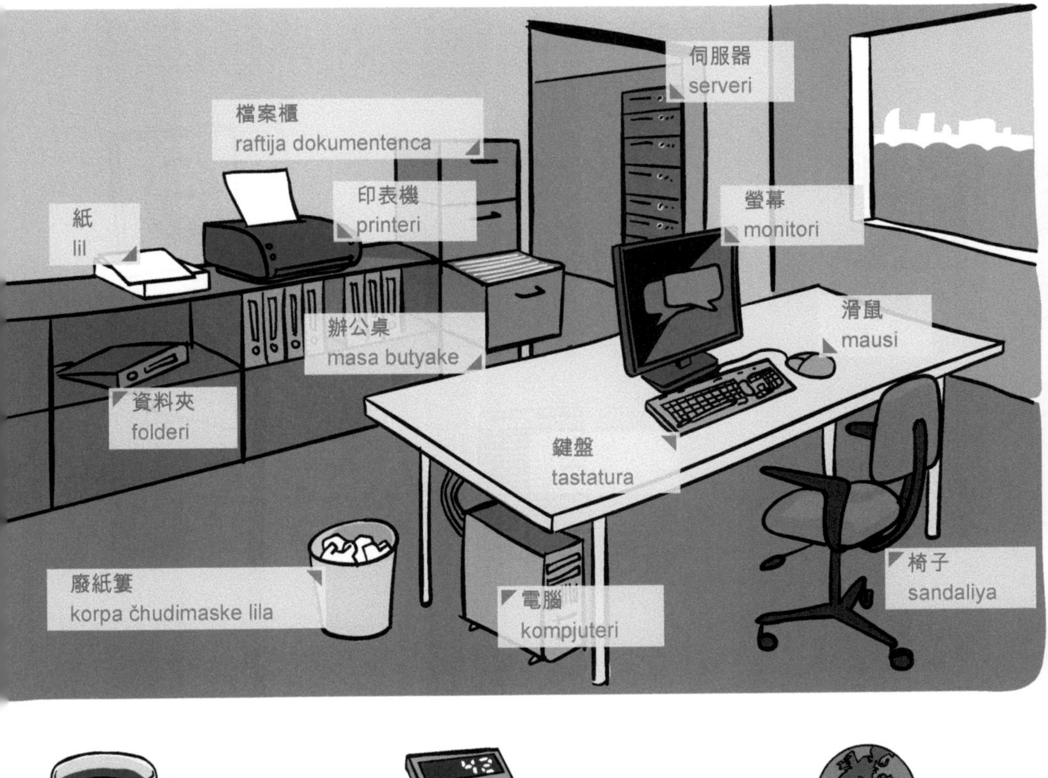

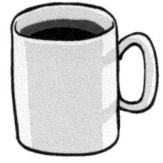

咖啡杯

fildžano kafake

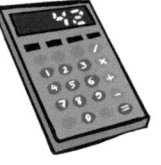

計算機

kalkulatori

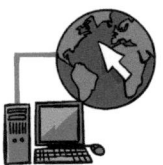

網際網路

internet

筆記型電腦
laptop

信件
lil

簡訊
mesaži

行動電話
mobilno telefono

網路
netvorko

影印機
kopirimaski makina

軟體
softveri

電話
telefono

插座
štekeri

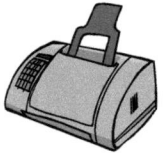

傳真機
faks makina

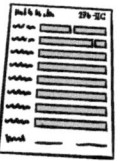

表格
formulari

檔案
dokumento

買
kinibe

付錢
pokinibe

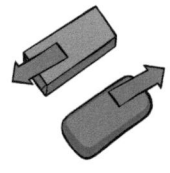

交易
kino-bikinibe

現金
love

美元
dolari

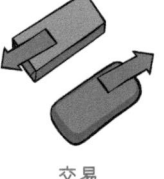

歐元
euro

日元
jeni

盧布
rublya

瑞士法郎
švajcariako franko

人民幣
renminbi juan

盧比
rupija

提款處
lovengo automati

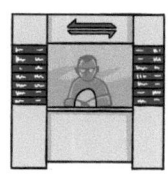

外幣兌換處

biro baši devize

金

somnakaj

銀

rup

石油

petroli

能源

energia

價格

fiyati

合約

kontrakto

稅金

taksa

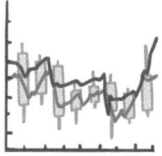

股票

berzaki akcija

工作

butikeribe

職員

butyarno

老闆

butyako dendutno

工廠

fabrika

商店

dukyano

職業
profesie

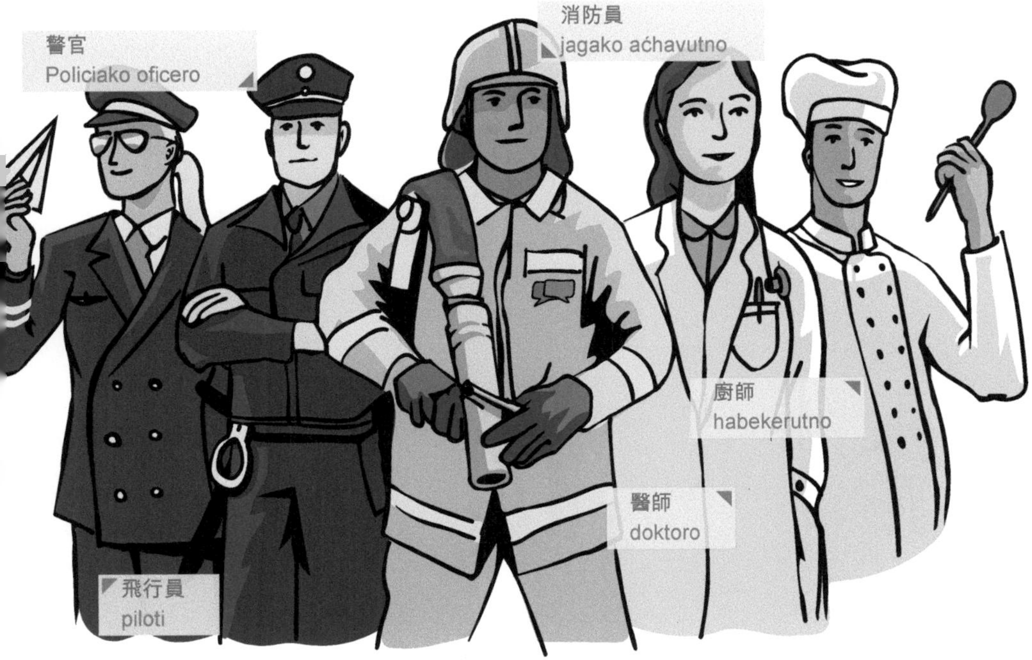
警官
Policiako oficero
消防員
jagako aćhavutno
廚師
habekerutno
醫師
doktoro
飛行員
piloti

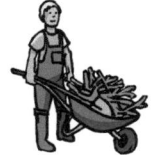

園丁
bavčako butyarno

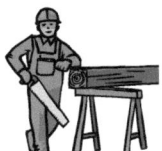

木匠
tišleri

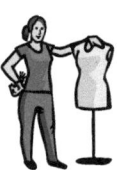

裁縫
šnajderka

法官
krisuno

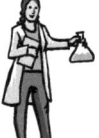

化學家
hemičari

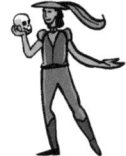

演員
akteri

公車司機

autobusesko šoferi

計程車司機

taksisti

漁夫

mačhengo astarutno

清洗女工

užarutni

屋頂工

učharinengo kerutno

服務生

kelneri

獵人

avdžija

畫家

tasvirkerutno

麵包師

furnadžia

電工

elektrikako phirno

建築工人

tamirutno

工程師

inžinjeri

屠夫

kasapi

水管工

panjesko butyarno

郵差

poštari

士兵

askeri

建築師

arhitekto

收銀員

kasieri

花農

luludyari

理髮師

frizeri

售票員

kondukteri

機械技師

mekanisti

船長

kapetani

牙醫

dandengo saslyarno

科學家

vigjanalo manuš

拉比

rabini

伊瑪目

imami

和尚

rašaj

牧師

rašaj

alatia

鐵錘
čekiči

鉗子
silavja

螺絲起子
šrafcigeri

扳手
mekanikane nahtaria

手電筒
fakeli

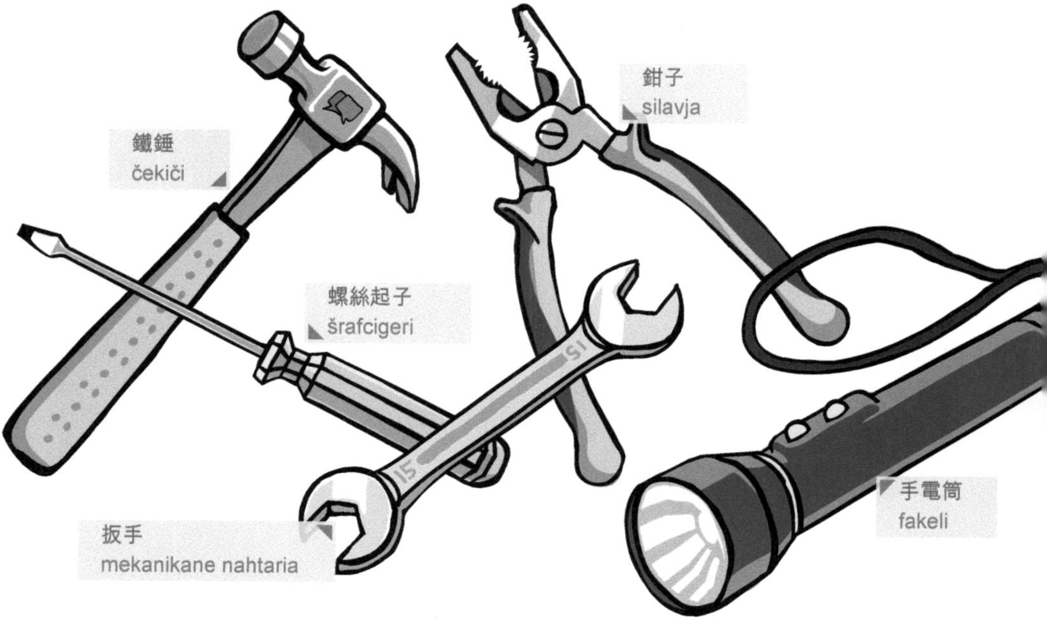

挖掘機

hrandimasko alati

工具箱

alateski kutia

梯子

merdeveni

鋸子

pila

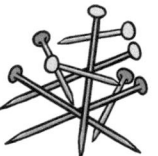

釘子

karfa

鑽機

posavin

修
lačharkeribe

鏟子
lopata

糟糕！
Naleti!

畚箕
vatrali

油漆桶
lonco bojimaske

螺絲
šrafja

樂器
muzikane instrumentia

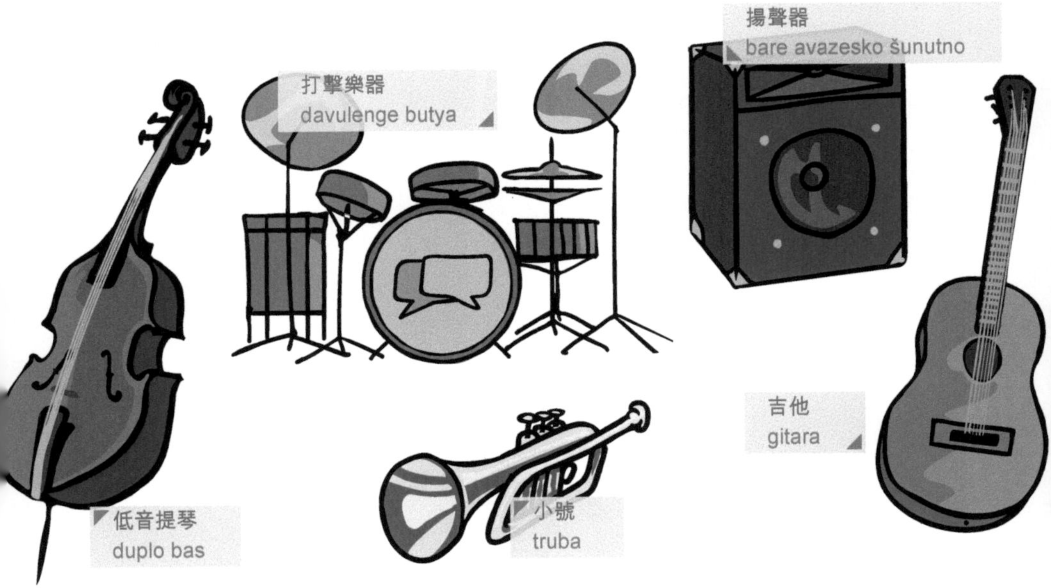

揚聲器
bare avazesko šunutno

打擊樂器
davulenge butya

吉他
gitara

小號
truba

低音提琴
duplo bas

鋼琴
piano

小提琴
kemana

貝斯
bas

定音鼓
timpani

鼓
davulia

電子琴
sintisajzeri

薩克斯風
saksafoni

長笛
flejta

麥克風
mikrofoni

動物園

ZOO

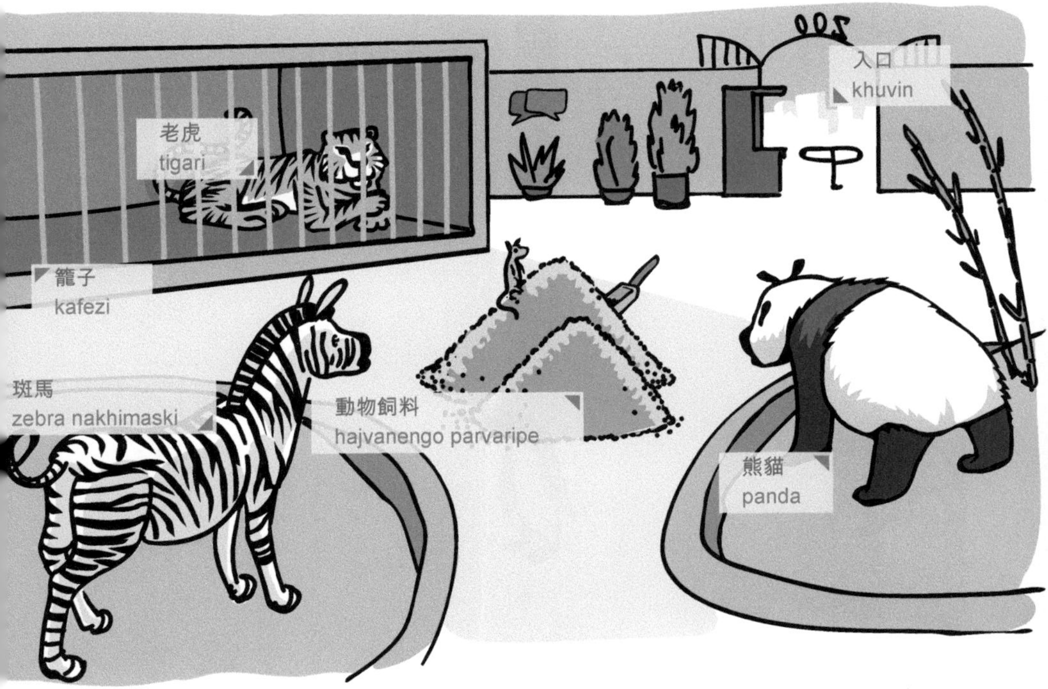

入口
khuvin
老虎
tigari
籠子
kafezi
斑馬
zebra nakhimaski
動物飼料
hajvanengo parvaripe
熊貓
panda

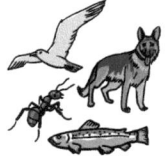

動物

hajvania

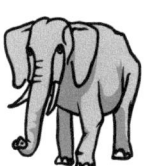

大象

elefanti

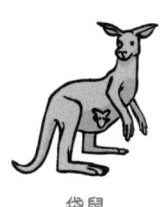

袋鼠

kenguri

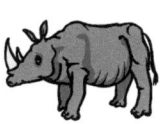

犀牛

rino

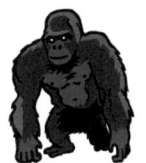

大猩猩

gorila

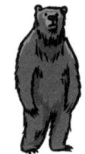

熊

ričini

駱駝

kamila

鴕鳥

ostriga

獅子

aslani

猴子

majmuni

紅鶴

flamingo

鸚鵡

papagali

北極熊

polarno ričini

企鵝

pingvini

鯊魚

ajkula

孔雀

pauno

蛇

sap

鱷魚

krokodilo

動物園管理員

zoo arakhutno

海豹

foka

美洲豹

jaguari

矮種馬

poni

豹

leopardi

河馬

hipo

長頸鹿

žirafa

老鷹

zorale kandžengi paškin

野豬

bali

魚

mačho

龜

želka

海象

morži

狐狸

lumri

羚羊

gazela

橄欖球
Amerikako fudbali

騎腳踏車
biciklizmo

網球
tenis

籃球
basketboli

游泳
nangjovibe

拳擊
boksi

冰球
hokej ko paho

美式足球
fudbali

羽毛球
badmington

田徑
atletika

手球
vasteskoboli

滑雪
skiibe

馬球
polo

跳
hutibe

擁抱
deibe angali

笑
asaibe

走路
phiribe

唱
giljavibe

做夢
dikhibe suno

祈禱
azirikeribe

親吻
čumibe

書寫
hramovibe

畫
čitribe

展示
sikavibe

推
cidljaribe

給
deibe

拿
leibe

有
isibe

做
keribe

當
te ovel

站
tergyovibe

跑
prastaibe

拉
cidibe

丟
čhudibe

摔倒
peribe

躺
hovavibe

等待
adžikeribe

攜帶
phiravibe

坐
bešibe

穿衣
urjavibe

睡覺
sovibe

醒來
džangavibe

看
dikhibe ko

哭
rovibe

擊
čalavibe

梳頭
uhlavibr

交談
vakeribe

明白
haljovibe

問
puč

聽
šunibe

喝
piibe

吃
habe

清理
užaribe

愛
kamibe

做飯
keribe habe

開車
paldibe vordon

飛
urjalibe

航行
vaporεa džaibe

計算
kalkulirin

讀
drabaribe

學習
sikljovibe

工作
butikeribe

結婚
prandibe

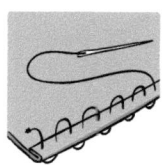

縫
suvibe

刷牙
thovibe danda

殺
mudaribe

抽菸
piibe dahani

寄
bičhalibe

祖母
mami

嬰兒
bebe

祖父
papu

母親
daj

女兒
čhaj

父親
dat

兒子
čhavo

客人

misafiri

阿姨

bibi

叔叔

kako

兄弟

phral

姐妹

phen

前額
čekat

眼睛
jakh

臉
muj

下巴
vilica

乳房
čuči

手指
naj

手
vast

手臂
musik

肩膀
piko

腿
pundro

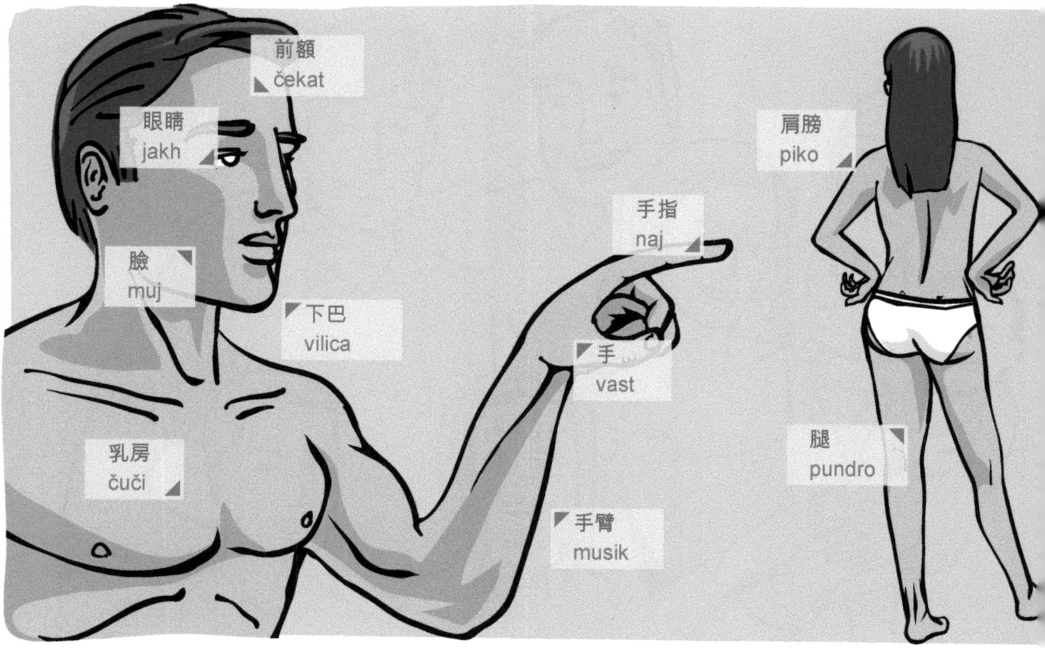

嬰兒

bebe

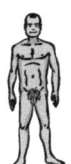

男人

murš

女人

džuvli

女孩

čhaj

男孩

ćhavo

頭

šero

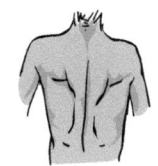

背部

dumo

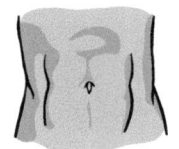

肚子

maškar

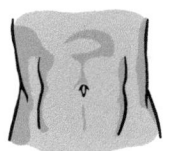

肚臍

pupko

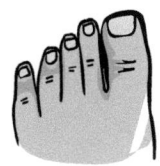

腳趾

pundrenge naja

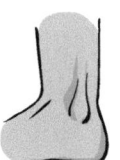

腳後跟

patum

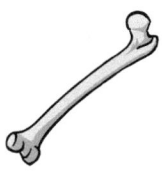

骨頭

kokalo

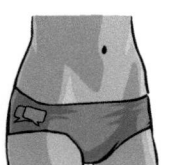

臀部

kuko

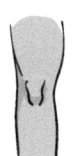

膝蓋

koč

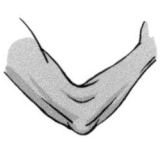

手肘

lahci

鼻子

nakh

屁股

bul

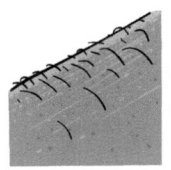

皮膚

mortik

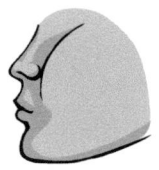

臉頰

čham

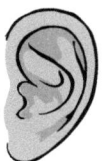

耳朵

kan

嘴唇

voš

嘴

muj

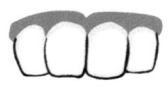

牙齒

danda

舌頭

ćhib

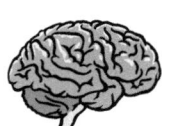

腦

godi

心臟

vilo

肌肉

muskulo

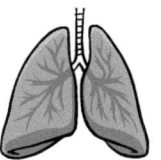

肺

kolin

肝臟

buko

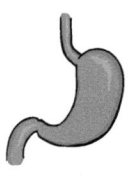

胃

vogi

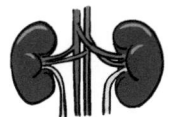

腎臟

bubrekora

性交

seks

保險套

kondomi

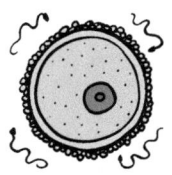

卵子

yarengi kletka

精子

sperma

懷孕

khamnipe

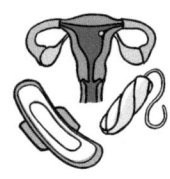

月事

menstruaciya

陰道

vagina

陰莖

penis

眉毛

phov

頭髮

bala

脖子

men

醫院
hospitalo

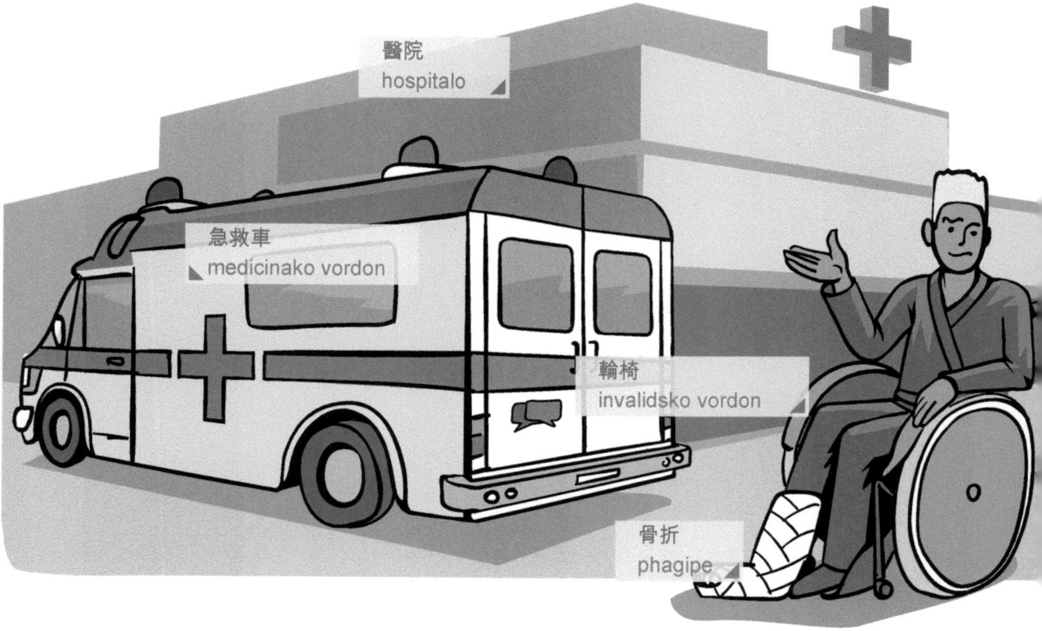

醫院
hospitalo
急救車
medicinako vordon
輪椅
invalidsko vordon
骨折
phagipe

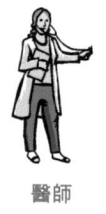

醫師
doktoro

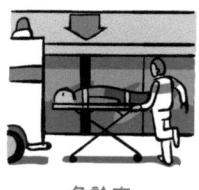

急診室
sigyarimaski kamara

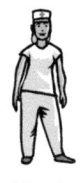

護理師
medicinaki phen

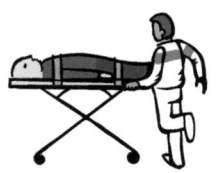

緊急情形
sigyaripen

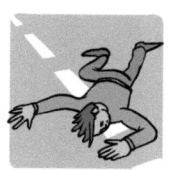

昏迷
ki koma

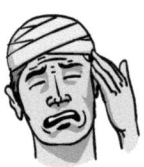

痛
dukh

受傷
dukhavipen

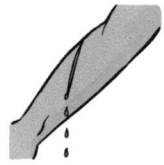

出血
ratvaripe

心臟病發作
infrakto

中風
šlog

過敏
alergiya

咳嗽
khuinibe

發燒
tinanipe

流感
gripa

腹瀉
diyarea

頭痛
šereski dukh

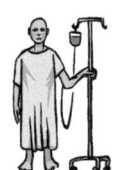

癌症
kanceri

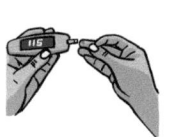

糖尿病
diyabetes

外科醫師
operaciya

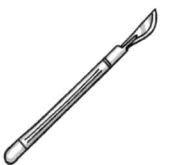

手術刀
skalperi

手術
operaciya

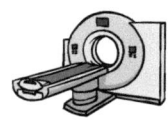

電腦斷層掃描
CT

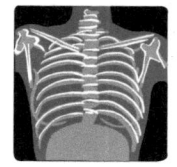

X光
rentgen

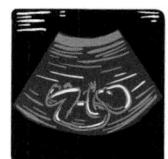

超音波
ultra avazo

口罩
mujeski maska

疾病
nasvalipe

候診室
adžukyarimasko than

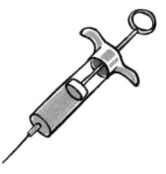

拐杖
paterica

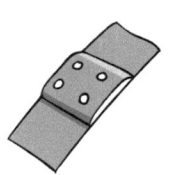

石膏
flastero

繃帶
phandimaski gaza

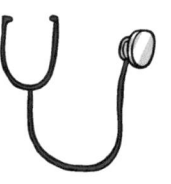

注射
inyekciya

聽診器
stetoskopo

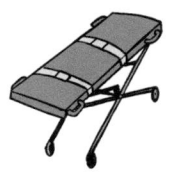

擔架
tregero

體溫計
klinicko termometro

biyanipe

出生

超重
baro thulipe

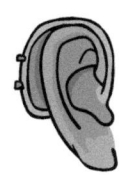

助聽器

ašunimasko aparato

消毒液

dezinfekciako

感染

infekciya

病毒

viruso

愛滋病

HIV / SIDA

藥物

medicina

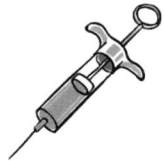

接種疫苗

vakcinaciya

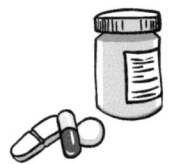

藥片

tabletura

藥丸

hapi

急救電話

sigyarimasko akharipe

血壓計

monitori vaš učo pretisak

生病/健康

nasvalo / sasto

救命！

Mažutisar!

突擊

atako

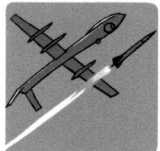

攻擊

atako

危險

dar buti

緊急出口

sigyarimasko iklyovipen

失火了！

Bari jag!

滅火器

mamuj jagako aparati

意外

bibax

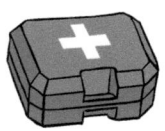

急救箱

butya avgo ažutimaske

呼救訊號

SOS

員警

Policia

警報

alarmo

歐洲

Evropa

北美洲

Utarali Amerika

南美洲

Purabali Amerika

非洲

Afrika

亞洲

Azija

澳洲

Australia

大西洋

Atlantiko

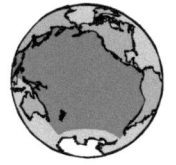

太平洋

Pacifiko

印度洋

Indiako Okeano

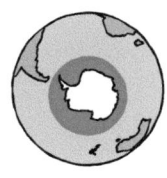

南冰洋

Antarktikosko Okeano

北冰洋

Arktikosko Okeano

北極

Utaralo poli

南極

Purabalo poli

南極洲

Antarktiko

地球

phuv

陸地

phuv

海

samudra

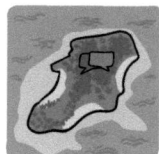

島

džaziri

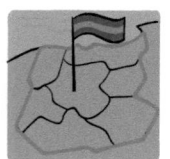

國家

nacija

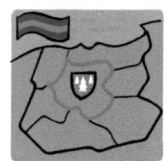

州

raštra

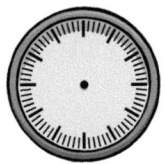

錶盤

saatosko gendo

時針

saatoski sikavni

分針

dakikongi sikavni

秒針

kundarno saatoski sikavin

現在幾點？

Kozom si o saato?

天

dive

時間

vrama

現在

akana

電子錶

digitalno saato

分

dakika

時

časo

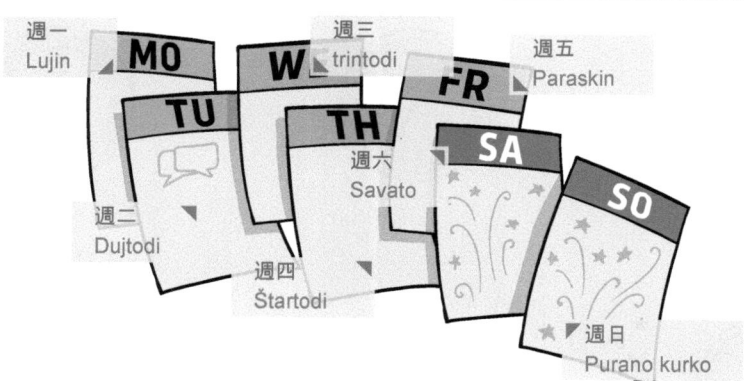

週一 Lujin
週三 trintodi
週五 Paraskin
週二 Dujtodi
週六 Savato
週四 Štartodi
週日 Purano kurko

昨天
erati

今天
avdive

明天
tajsa

早晨
javin

中午
ekvaš dive

晚上
blevel

MO	TU	WE	TH	FR	SA	SU
1	2	3	4	5	6	7
8	9	10	11	12	13	14
15	16	17	18	19	20	21
22	23	24	25	26	27	28
29	30	31	1	2	3	4

工作日
butyarne divesa

MO	TU	WE	TH	FR	SA	SU
1	2	3	4	5	6	7
8	9	10	11	12	13	14
15	16	17	18	19	20	21
22	23	24	25	26	27	28
29	30	31	1	2	3	4

週末
vikend

年
berš

雨
biršim
彩虹
renkali badalin
風
bavlal
雪
iv
春
anglonilaj
秋
palonilaj
夏
nilaj
冬
ivend

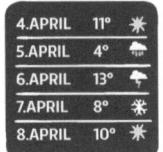

4.APRIL 11°
5.APRIL 4°
6.APRIL 13°
7.APRIL 8°
8.APRIL 10°

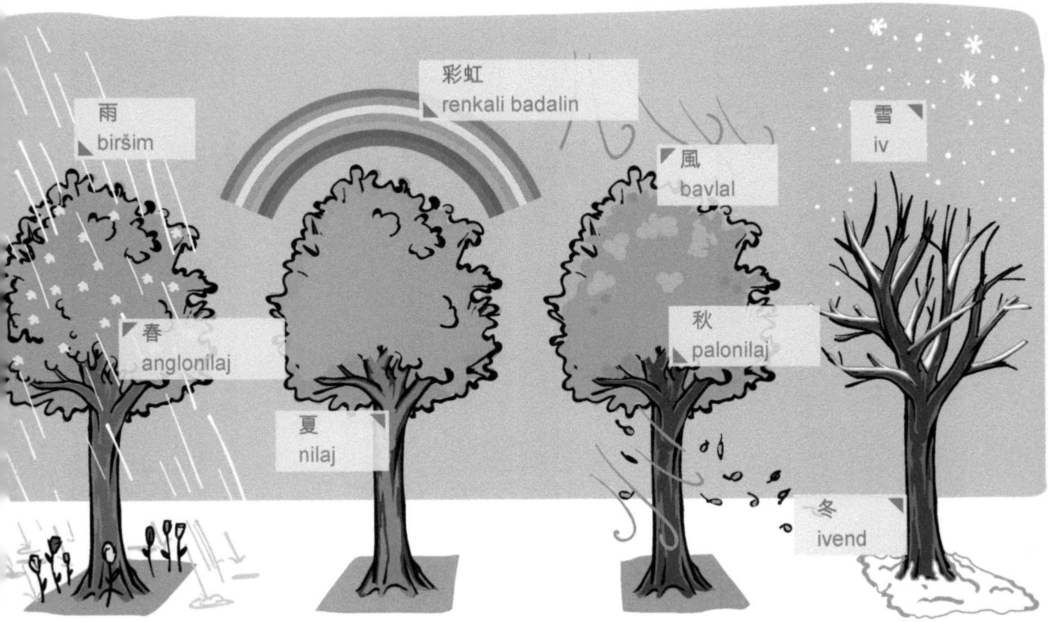

天氣預告

vramakoro vakeribe

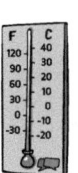

溫度計

termometro

陽光

khamalo

雲

badal

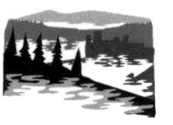

霧

muhi

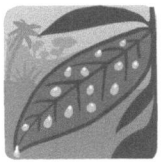

潮濕

nemlime hava

閃電

šemšekoja

打雷

šemšekosko čalavibe

風暴

bura

冰雹

kijameti

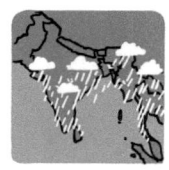

季風

monsuni

洪水

baro pani

冰

paho

一月

Januaro

二月

Februaro

三月

Marto

四月

Aprilo

五月

Majo

六月

Juno

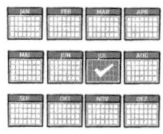

七月

Julo

八月

Augusto

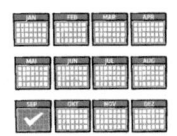

九月
....
Septembro

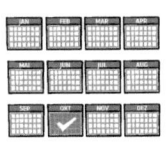

十月
....
Oktombro

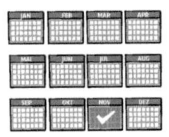

十一月
....
Novembro

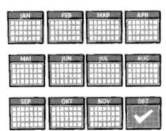

十二月
....
Dekembro

圓形
....
rota

正方形
....
kvadrati

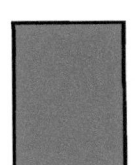

長方形
....
rektanglo

三角形
....
trianglo

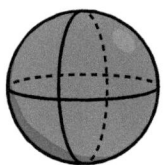

球體
....
sfera

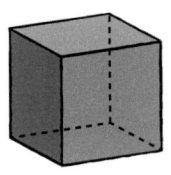

立方體
....
kocka

白
parni

黃
galbeno

橙
pomarandža

粉
roze

紅
loli

紫
lila

藍
vunato

綠
harjali

棕
kafeno

灰
kuršumlija

黑
kali

很多/少許

but / hari

生氣/平靜

holjame / mudro

美/醜

šuži / bišuži

首/尾

starto / agor

大/小

baro / tikno

明/暗

puterde bojako / phanle bojako

兄弟/姐妹

phral / phen

乾淨/骯髒

užo / melalo

完整/缺失

sahno / bisahno

白天/晚上

dive / rat

死/生

mulo / dživdo

寬/窄

buvlo / tank

可食用/非食用

hala pe / na hala pe

邪惡/善良

džungalo / šukar

興奮/無聊

bare vogjea / bi vogjea

胖/瘦

thulo / kišlo

第一/最後

avgo / paluno

朋友/敵人

amal / dušmani

滿/空

pherdo / čučo

硬/軟

zoralo / kovlo

重/輕

pharo / lokho

餓/渴

bokh / truš

生病/健康

nasvalo / sasto

非法/合法

ilegalno / legalno

聰明/愚笨

godyaver / bigodyako

左/右

bajan / dahin

近/遠

paše / dur

新/舊

nevo / purano

沒有/有些

khanči / vareso

老/幼

phuro / terno

開/關

phabardo / ačhavdo

打開/闔上

puterdo / phanlo

安靜/吵鬧

mudro / bare avazeskoro

富/窮

barvalo / čorolo

對/錯

čačutno / došalo

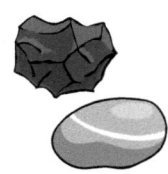

粗糙/光滑

zoralo / kovlo

傷心/高興

mazuni / lošalo

短/長

skurto / lungo

慢/快

pohari / sigate

濕/乾

sapano / šuko

溫暖/涼爽

tato / šudro

戰爭/和平

mareba / sansari

反義詞 - mamujipena

0

零

zero

1

一

jek

2

二

duj

3

三

trin

4

四

štar

5

五

panč

6

六

šov

7

七

efta

8

八

ohto

9

九

enja

10

十

deš

11

十一

dešujek

12
十二
dešuduj

13
十三
dešutrin

14
十四
dešuštar

15
十五
dešupanč

16
十六
dešušov

17
十七
dešefta

18
十八
dešohto

19
十九
dešenja

20
二十
biš

100
百
šel

1.000
千
milja

1.000.000
百萬
milioni

英語

Anglicko

美式英語

Americko Anglicko

普通話

Kinesko Mandarinsko

印地語

Indisko

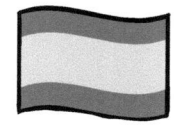

西班牙語

Špansko

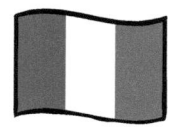

法語

Francusko

阿拉伯語

Arapsko

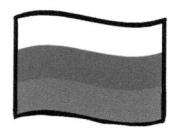

俄語

Rusko

葡萄牙語

Portugalsko

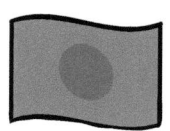

孟加拉語

Bengalsko

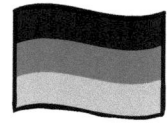

德語

Nemicko

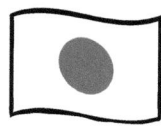

日語

Japansko

我

thaj

你

tu

他/她/它

ov / oj

我們

amen

你們

tumen

他們

ola

誰？

ko?

什麼？

so?

如何？

sar?

何處？

kote?

何時？

kana?

名字

anav

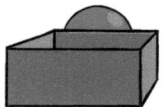

後面

palal

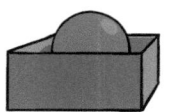

裡面

andre

前面

anglal o

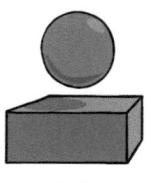

上方

upral

上面

an

下麵

telal

旁邊

trujal

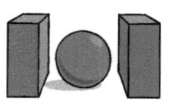

中間

maškaral

地點

than